Pe. JOSÉ OSCAR BRANDÃO, C.Ss.R.

Novena de Santa Bárbara

Editora
SANTUÁRIO

DIREÇÃO EDITORIAL:
Pe. Fábio Evaristo Resende Silva, C.Ss.R.

REVISÃO:
Ana Lúcia C. Leite

COORDENAÇÃO EDITORIAL:
Ana Lúcia de Castro Leite

DIAGRAMAÇÃO E CAPA:
Bruno Olivoto

ISBN 85-7200-891-8

A marca FSC® é a garantia de que a madeira utilizada na fabricação do papel deste livro provém de florestas que foram gerenciadas de maneira ambientalmente correta, socialmente justa e economicamente viável.

1ª impressão, 2004

7ª impressão

Todos os direitos reservados à **EDITORA SANTUÁRIO** – 2019

 Rua Pe. Claro Monteiro, 342 – 12570-000 – Aparecida-SP
Tel.: 12 3104-2000 – Televendas: 0800 - 16 00 04
www.editorasantuario.com.br
vendas@editorasantuario.com.br

Introdução

Santa Bárbara é uma das santas mais simpáticas e mais queridas do povo de Deus. Tem muitíssimos devotos que se colocam sob sua proteção e intercessão. A Virgem Santa Bárbara é muito invocada nas horas de perigo, nas horas de tempestades, de trovoadas e raios. Ela é invocada contra os perigos de morte violenta e trágica, contra os perigos de explosões e contra incêndios.

Esta Novena foi escrita com carinho para ajudar você a rezar, suplicar, louvar a Deus. Ela deverá colocar no seu coração mais fé, mais coragem, mais ânimo, mais esperança. Os dias que vivemos hoje são dias maravilhosos, cheios de progresso, de técnica, de recursos e de avanços. Todavia, quantas e quantas vezes são também dias sombrios, dias de ameaças, de insegurança, de desafios, de tempestades e de raios. Santa Bárbara é uma das santas mais simpáticas e mais queridas de nosso tempo. Ela tem muitíssimos devotos e muitíssimas pessoas que se colocam sob sua proteção.

O culto a Santa Bárbara está espalhado pelo Oriente e pelo Ocidente. No Brasil, a querida Santa tem muitas igrejas, paróquias, capelas, oratórios, cidades dedicadas a seu nome.

Ainda hoje, Santa Bárbara é um exemplo e um modelo de vida autêntica, de vida santa e cristã. Ela deu um testemunho corajoso e firme de sua fé, mesmo em meio às maiores torturas e sofrimentos que enfrentou. Ela não teve medo da morte e do martírio para não trair seu Amor e sua Fidelidade a Cristo Jesus e ao Evangelho.

Quem é Santa Bárbara

*B*árbara era uma jovem nobre e inteligente. De grande beleza. Era de família rica. Uma família de pagãos fanáticos que odiavam os cristãos. Nasceu em Nicomédia, no Oriente, na Ásia Menor. Dizem que morreu em 305.

Bárbara era o orgulho e a esperança de seus pais, que, ambiciosos, sonhavam aumentar sempre mais sua riqueza. O que mais desejavam era que Bárbara, sua bonita filha, encontrasse um casamento entre a nobreza. Receando perder a filha, fosse por um casamento indesejável, fosse pelo crescimento constante da Religião cristã, Dióscoro conservava sua filha constantemente fechada numa torre de seu palácio e procurava fazer com que ela fosse educada e instruída nas ciências e na religião dos deuses pagãos.

Um dia, porém, o palácio de Dióscoro e de Irineia, pais de Bárbara, foi invadido por uma surpresa espantosa, das maiores que podiam acontecer. Era incrível! Bárbara nem queria casar-se, nem continuava adorando os deuses pagãos de sua família. Mais ainda. Ela estava seguindo, com outras amigas, a religião dos cristãos! Ela já era cristã, já estava convertida, já estava batizada na religião do Deus de Jesus Cristo, o Redentor dos homens, Jesus Nazareno!

Quando os pais descobriram a resolução da jovem, principalmente quando Bárbara recusou o pedido de casamento com um moço de nobreza e pagão, eles ficaram decepcionados, desesperados, furiosos. O amor deles, então, transformou-se em ódio mortal e em violência. Preferiram antes ver a filha morta aos seus pés do que seguindo o Deus dos cristãos, o Deus uno e trino de Bárbara. Ameaçaram a jovem Bárbara com torturas, com chicotes, com prisão. Queriam que ela abandonasse sua fé em Jesus. O pai pagão e idólatra, Dióscoro, colocou Bárbara diante de um dilema: ou renunciar a Jesus, aceitar o casamento, ou morrer! Com violência, prendeu e trancou a filha na torre da casa, para que ela não tivesse contato com amigas cristãs. Todavia, de nada adiantou. Inúteis foram todas as medidas tomadas. Bárbara continuou firme, fiel, corajosa. Nenhuma tentativa conseguiu mudar seu coração, sua vontade, pois queria viver a virgindade, já estava consagrada inteiramente a Deus pela opção que fizera: *"Minha vida pertence a Jesus"*. *"O amor que sinto por ele (Jesus) é maior que qual-*

quer amor humano." E a jovem Bárbara teve coragem de renunciar ao casamento, mesmo contrariando a vontade de seu pai Dióscoro.

Bárbara estava irredutível em sua decisão e em sua fidelidade a Cristo Jesus, seu Amigo e Redentor. Nada podia diminuir a fé e o amor que havia prometido ao seu Deus no dia de seu batismo. É claro que, diante disso, os pais daquela jovem filha tão corajosa assim chegaram ao excesso de crueldade. Pronunciaram a sentença de morte de Bárbara. Entregaram a moça aos juízes, para ser julgada e condenada. Ela foi açoitada com chicotes, foi retalhada nas suas carnes delicadas e puras, foi queimada, foram cortados seus seios, sofreu as mais terríveis e cruéis torturas. É indescritível o que fizeram de maldade com a jovem mártir. Todavia, não conseguiram fazer com que Bárbara se afastasse do Deus dos cristãos. E, apesar das dores fortíssimas que viveu, nenhuma queixa escapou de seus lábios. O Espírito Santo de Deus estava com aquela jovem cristã. Rezando, ela suplicava aumento de fé, de coragem, de esperança e de força: *"Vossa mão, ó Deus, não me abandone! Convosco tudo padecerei, sem vós nada sou!"* E Bárbara pedia que Deus perdoasse o ódio de seu pai.

Torturada, toda machucada, acusada por seu próprio pai de ser cristã, finalmente Bárbara foi jogada na prisão. Os juízes e as autoridades ainda esperavam que a jovem corajosa renunciasse à fé cristã e oferecesse sacrifícios aos deuses pagãos. Todavia, Bárbara permaneceu firme e nada podia demover a jovem. Resolveram, por isso, executar a sentença de morte, matando e degolando Bárbara: *"Que ela seja decapitada! Que ela morra!"*

Por incrível que pareça, cego no seu ódio e cada vez mais furioso contra a filha, conta-se que Dióscoro prontificou-se para matar a filha com suas próprias mãos. Pediu ao magistrado para ser ele mesmo o carrasco de sua filha Bárbara... Que pai desnaturalizado! Que atitude malvada e desumana! Ele obteve o favor que pedia: matar e decapitar sua filha Bárbara! *"Que sua filha Bárbara fosse morta à espada, como convinha aos membros da nobreza."* Haveria decisão mais cruel e mais perversa? Dióscoro estava cego pelo fanatismo e pelo ódio.

A jovem Bárbara sentiu compaixão pelo seu pai. Não queria que ele manchasse as mãos em seu sangue. De joelhos, diante de Dióscoro, em atitude de oração, corajosamente ela pediu e suplicou que o pai não praticasse tamanha maldade: *"Que ele não fosse o carrasco de sua filha!"* Contudo, Bárbara implorou em vão. Foi levada ao lugar de seu martírio. Chegando ao alto da montanha, novamente agradeceu a Deus a força divina que estava recebendo para derramar seu sangue por amor de Jesus, e ofereceu seu pescoço ao carrasco, que era seu pai. Tremendo de raiva, Dióscoro levantou sua espada e com ela cortou a cabeça da filha. E Santa Bárbara serenamente entregou sua alma ao Senhor Deus. Jovem, ela estava com 20 anos!

A história não termina com o martírio de Bárbara. Existem alguns relatos que afirmam que, logo após o horrível assassinato de Santa Bárbara, mal a cabeça da mártir havia rolado por terra, eis que desabou uma forte tempestade repentinamente! O infeliz pai, Dióscoro, foi atingido por um raio e caiu morto. Era o dia 4 de dezembro do ano 305. E, desde aquele dia, por causa desse acontecimento dramático, a Santa começou a ser invocada contra os perigos de explosões, contra os perigos de morte violenta e repentina, e também nas horas de tempestades e de raios. É invocada igualmente para alcançar, de Deus, para seus devotos uma morte santa e na amizade divina. *Santa Bárbara, rogai por nós!*

Como fazer a novena
(Roteiro para todos os dias)

I. Oração inicial

— Em nome do Pai, do Filho e do Espírito Santo. **Amém!**
— A nossa proteção está no nome do Senhor, **que fez o céu e a terra!**
— Ouvi, Senhor, minha oração, **e chegue até vós meu clamor!**

Vinde, Espírito Santo, enchei os corações de vossos fiéis e acendei neles o fogo do vosso amor. Enviai vosso Espírito e tudo será criado! E renovareis a face da terra!

Oremos: Ó Deus, que iluminastes os corações dos vossos fiéis com a luz do Espírito Santo, concedei-nos que, pelo mesmo Espírito, apreciemos retamente todas as coisas, segundo o mesmo Espírito e gozemos sempre de sua consolação. Por Cristo, nosso Senhor! **Amém!**

II. Orações conclusivas

Oração a Santa Bárbara

Ó Santa Bárbara, poderosa intercessora nossa junto de Deus, roga por nós! Intercede por nós junto ao Senhor nosso Deus, nosso Redentor, o Deus de tudo, o Deus de todos, o Senhor da História! Deus realizou grandes maravilhas na tua pessoa e fez de ti um instrumento bendito de fé, um exemplo de amor, de alegria, de coragem, de esperança. Na tua vida e no teu martírio, tu nos deixaste um belo exemplo de ajuda aos que vacilavam, aos que eram mais fracos, sofredores e necessitados. Nós te pedimos, ó Santa Bárbara, intercede por nós. Com esperança nós te suplicamos: Socorre-nos em todas as nossas necessidades, protege-nos contra a guerra, contra a maldade e as tentações do demônio, contra os incêndios, contra trovoadas, raios e tempestades! Intercede por nós junto ao nosso Deus Pai, para que possamos nos dias de hoje viver e testemunhar os valores do Evangelho e dos ensinamentos de Jesus Cristo. Precisamos de muita fé, de muita coragem, de muita esperança, de muita perseverança e autenticidade em nossa vida cristã. Ajude-nos a tua proteção, ó Santa Bárbara, a proteção da Senhora Aparecida, nossa Mãe, e a proteção de todos os Santos e Santas, nossos companheiros de caminhada! Amém! Assim seja!

Pedidos e súplicas

Pelas crianças, pelos jovens, pelos doentes, pelos idosos, pelos dependentes do álcool e das drogas, pelos prisioneiros, pelos desempregados, pelos desesperançados, pelos que estão enfrentando grandes dificuldades, pelas minhas intenções particulares e por todas as famílias, eu vos peço: "Senhor, escutai a minha prece!"

— Pai nosso, que estais no céu....
— Ave, Maria, cheia de graça...
— Glória ao Pai...

Ao terminar hoje esta novena, eu vos peço, Senhor Deus, que nos abençoe, nos guarde de toda maldade, e nos conduza à vida eterna! Pela intercessão da Virgem e Mártir, Santa Bárbara, e de todos os Santos e Santas do céu, abençoe-nos o Deus todo-poderoso: Pai, Filho e Espírito Santo! Amém!

1º Dia
Os santos e as santas são humanos como nós

1. Oração inicial *(p. 10)*

2. Palavra de Deus *(Ap 7,9-10)*
Depois disso, vi uma multidão imensa, que ninguém podia contar, gente de todas as nações, tribos, povos e línguas. Estavam de pé diante do trono e do Cordeiro; vestiam túnicas brancas e traziam palmas na mão. Todos proclamavam com voz forte: "A salvação pertence ao nosso Deus, que está sentado no trono, e ao Cordeiro". Palavra do Senhor!

3. O exemplo de Santa Bárbara
Santa Bárbara era pagã. Mas, depois, ela se converteu, abriu o jogo com Deus, aceitou o chamado de Deus e foi batizada. Ela soube viver o seu batismo. Apesar das ameaças, das perseguições que existiam, naqueles tempos, contra os

cristãos, a Santa foi fiel a Cristo Redentor até às últimas consequências, até ao martírio. Os santos e as santas são um exemplo para nós.

4. Para refletir
a) Nós também podemos ser santos?
b) O que fazer para ser santo ou santa?

5. Orações conclusivas *(p. 11)*

2º Dia
Santa Bárbara, exemplo de fé

1. Oração inicial *(p. 10)*

2. Palavra de Deus *(Lc 17,5-6)*
Os apóstolos disseram ao Senhor: "Aumenta nossa fé". O Senhor respondeu: "Se tivésseis fé, mesmo pequena como um grão de mostarda, poderíeis dizer a esta amoreira: 'Arranca-te daqui e planta-te no mar, e ela vos obedeceria'". Palavra da Salvação!

3. O exemplo de Santa Bárbara
Santa Bárbara foi uma moça de fé. Foi a fé que iluminou e impulsionou a vida da Santa. Nas horas amargas, nas dificuldades da vida, em todas as tentações do corpo e do espírito, ela nunca perdeu a fé nem a confiança em Deus, sua Força. Principalmente quando foi torturada, ameaçada, martirizada, degolada, não desanimou. Santa Bárbara continuava rezando, pedindo ajuda

de Deus e apelando para sua fé inabalável. Não teve medo. Não traiu Jesus jamais. Não aceitou os deuses pagãos.

4. Para refletir

a) O que é a fé? O que é ter fé? O que é não ter fé?

b) O que fazer para conservar e aumentar a fé?

5. Orações conclusivas *(p. 11)*

3º Dia
Santa Bárbara, exemplo de esperança

1. Oração inicial *(p. 10)*

2. Palavra de Deus *(1Ts 4,13-14)*

Irmãos, não queremos deixar-vos na ignorância a respeito dos mortos, para que não fiqueis tristes como os outros, que não têm esperança. Com efeito, se cremos que Jesus morreu e ressuscitou, cremos também que Deus, por meio de Jesus, levará com Ele os que adormeceram. Palavra do Senhor!

3. O exemplo de Santa Bárbara

De modo particular, quando Santa Bárbara foi presa, arrastada para o martírio e despida diante dos soldados e dos carrascos, nunca perdeu a esperança. A Santa sabia que o Espírito Santo de Deus estava com ela. Por isso, Santa Bárbara foi forte, resistiu às tentações do desespero e do medo. Esperava sempre no seu Senhor Deus. Ela é um exemplo para nossa vida, hoje. Quantas vezes perdemos a esperança, diante dos problemas da vida, diante dos escândalos de nossos irmãos e irmãs de Religião.

4. Para refletir

a) Como você enfrenta os problemas e dificuldades da vida?

b) Você avança com esperança cristã?

5. Orações conclusivas *(p. 11)*

4º dia
Santa Bárbara, exemplo de caridade

1. Oração inicial *(p. 10)*

2. Palavra de Deus *(Rm 12,9-15)*

O amor seja sincero. Detestai o mal, apegai-vos ao bem. Que o amor fraterno vos una uns aos outros, com terna afeição, rivalizando-vos em atenções recíprocas. Sede zelosos e diligentes, fervorosos de espírito, servindo sempre ao Senhor, alegres na esperança, fortes na tribulação, perseverantes na oração. Mostrai-vos solidários com os santos em suas necessidades, prossegui firmes na prática da hospitalidade. Abençoai os que vos perseguem, abençoai e não amaldiçoeis. Alegrai-vos com os que se alegram, chorai com os que choram. Palavra do Senhor!

3. O exemplo de Santa Bárbara

A caridade foi o forte de Santa Bárbara, Ela morreu moça, nova. Mas encheu seu coração de muitíssimo amor a Deus e de serviço aos irmãos. Sabia descobrir Jesus Cristo nos que eram perseguidos e injustiçados como ela. Sua presença era sempre uma presença amiga, serviçal, solidária, cheia de gestos concretos e cristãos. Visitava os pobres, os doentes e os prisioneiros.

4. Para refletir

a) Quando você se encontra com um pobre, um doente, um mendigo, um bêbado, um desempregado, qual é sua reação?

b) Como você entende estas palavras: "A fé sem obras é morta" *(Tg 2,26)?*

5. Orações conclusivas *(p. 11)*

5º Dia
Santa Bárbara, exemplo de fortaleza

1. Oração inicial *(p. 10)*

2. Palavra de Deus *(At 1,6-8)*
Então os que estavam reunidos perguntaram a Jesus: "Senhor, é agora que vais restabelecer e Reino para Israel?" Jesus respondeu: "Não cabe a vós saber os tempos ou momentos que o Pai determinou com sua autoridade. Mas recebereis o poder do Espírito Santo que virá sobre vós (e dele recebereis a força), para serdes minhas testemunhas em Jerusalém, por toda a Judeia e Samaria, e até os confins da terra..." Palavra do Senhor!

3. O exemplo de Santa Bárbara
Santa Bárbara sempre teve muita coragem e fortaleza na sua vida e nas suas lutas pela conservação da fé. Ela viveu um tempo de desafios e de perseguição religiosa. Era proibido ser cristão, se-

guidor de Jesus Crucificado. Mesmo perseguida e procurada pelos soldados romanos do Império, não teve medo e não renegou Jesus e o Evangelho. Enfrentou as ameaças, as torturas, a perseguição, o martírio, de maneira valente e desassombrada. O Espírito Santo de Deus era o grande Amor, a grande Força, a Coragem de Bárbara.

4. Para refletir

a) Você se mantém fiel a Deus e sua vontade diante das dificuldades da vida?

b) Em quais situações você invoca e reza ao Espírito Santo?

5. Orações conclusivas *(p. 11)*

6º Dia
Santa Bárbara, exemplo de amor e devoção a Nossa Senhora

1. Oração inicial *(p. 10)*

2. Palavra de Deus *(Jo 19,25-27)*

A Mãe de Jesus, a irmã da mãe dele, Maria de Cléofas e Maria Madalena estavam junto à cruz. Jesus viu sua Mãe e, ao lado dela, o discípulo que Ele amava. Então disse à sua Mãe: "Mulher, eis aí seu filho". Depois, disse ao discípulo: "Eis aí sua Mãe". E dessa hora em diante, o discípulo a recebeu em casa. Palavra da Salvação!

3. O exemplo de Santa Bárbara

Naqueles primeiros tempos do Cristianismo, Santa Bárbara foi devota de Nossa Senhora. Convertida para a Religião católica e batizada aprendeu o sentido e o valor da Virgem Maria, para sua vida, para sua Comunidade Cristã, para a Igreja. Procurava imitar e venerar sua Mãe Santíssima e nunca esquecia de agradecer a Jesus que nos deu por Mãe, sua própria Mãe. A sós e também em Comunidade, recorria muitas vezes a Nossa Senhora, principalmente, nos momentos horríveis de sua tortura, de seu martírio e de sua morte. Santa Bárbara é um exemplo de devoção a Nossa Senhora.

4. Para refletir

a) Por que devemos recorrer à intercessão da Virgem Maria?

c) Quais exemplos de Nossa Senhora você mais precisa seguir?

5. Orações conclusivas *(p. 11)*

7º Dia
Santa Bárbara, exemplo de oração

1. Oração inicial *(p. 10)*

2. Palavra de Deus *(Lc 18,9-14)*
Jesus contou esta parábola: Dois homens subira ao templo para rezar. Um era fariseu, o outro publicano. O fariseu, de pé, orava assim em seu íntimo: "Deus, eu te agradeço porque não sou como os outros, ladrões, desonestos, adúlteros, nem como este publicano. Jejuo duas vezes por semana e pago o dízimo de toda a minha renda". O publicano, porém, ficou à distância e nem se atrevia a levantar os olhos; mas batia no peito, dizendo: "Meu Deus, tem compaixão de mim que sou pecador". Eu vos digo: este último voltou para casa justificado, mas o outro não. Pois quem se exalta será humilhado, e quem se humilha será exaltado". Palavra da Salvação!

3. O exemplo de Santa Bárbara

Santa Bárbara, virgem e jovem, é um exemplo também de vida cristã, porque não existe verdadeira família cristã sem oração. E ela rezava muito naquelas primeiras Comunidades cristãs, rezava sozinha, e jamais abandonou a oração que era o alimento de sua fé, de suas lutas, principalmente de sua grande cruz da perseguição, da cadeia e do martírio. Santa Bárbara também é apresentada como modelo de oração para nós, um modelo que todos devemos imitar e não só admirar.

4. Para refletir

a) Você gosta de rezar, de conversar com Deus e deixar que Deus converse com você?

b) Você reza bastante, pouco ou nada?

5. Orações conclusivas *(p. 11)*

8º Dia
Santa Bárbara, exemplo dos que são injustiçados

1. Oração inicial *(p. 10)*

2. Palavra de Deus *(Mt 5,1-2.10-11)*
Vendo as multidões, Jesus subiu à montanha... Os discípulos aproximaram-se, e Ele começou a ensinar: "Felizes os que são perseguidos por causa da justiça, porque deles é o Reino dos céus. Felizes sois vós quando vos injuriarem e perseguirem..." Palavra da Salvação!

3. O exemplo de Santa Bárbara
Estamos vivendo, nos dias atuais, um mundo de violência, de ameaças, de terror, de assaltos, de sequestros e de mortes. Nosso mundo é belo, é bonito, é um mundo de Deus e nosso. Mas o pecado entrou na sociedade, e está aí, tanto nas grandes como nas pequenas cidades. Constantemente ficamos apavorados pelo medo, pela

violência, pelos ladrões e criminosos. Santa Bárbara sofreu muitíssimo e teve de enfrentar muita ameaça, muita violência. Ela foi vítima da perseguição romana, de autoridades pagãs. Todavia, ajudada pelos irmãos da Comunidade, por outras jovens companheiras cristãs, a Virgem e Mártir Bárbara aturou e suportou os chicotes, o fogo, as provocações, a violência; o martírio. É um testemunho e um exemplo que ela deixou para nós.

4. Para refletir

a) Ainda hoje há perseguições na Igreja e nas Comunidades? Se elas existem, são diferentes daquelas dos tempos de Santa Bárbara?

b) Se Santa Bárbara não tivesse rezado bastante e não tivesse pedido o Espírito Santo de Jesus, ela poderia ter sido fiel a Jesus Cristo e ser uma testemunha de sua Religião?

5. Orações conclusivas *(p. 11)*

9º Dia
Santa Bárbara, exemplo e testemunha do Reino

1. Oração inicial *(p. 10)*

2. Palavra de Deus *(Lc 20,34-36)*
Disse Jesus: "Os filhos deste mundo têm mulher ou marido, mas os que são considerados dignos de ter parte no outro mundo e na ressurreição dos mortos não têm mulher nem marido; pois não podem mais morrer, porque são iguais aos anjos e são filhos de Deus, tendo já ressuscitado..." Palavra da Salvação!

3. O exemplo de Santa Bárbara
Muitíssimos cristãos deram sua vida e derramaram seu sangue por causa do Reino dos céus. Santa Bárbara é uma dessas testemunhas. Ela, primeiro, foi convidada por Deus à verdadeira fé, foi convertida e batizada. Depois, por ser discípula de Jesus e por ser cristã, e porque eram

tempos de perseguição, a Santa foi presa, torturada, castigada e martirizada. Unida a Cristo Jesus, pelo batismo e pela força do Espírito Santo, sempre deu testemunho de sua fé. Muito antes de a jovem Bárbara ser degolada, por causa de Jesus, ela dava, em toda parte possível, o testemunho da caridade, da solidariedade, da justiça, da esperança.

4. Para refletir

a) Ainda hoje, como naqueles tempos de Santa Bárbara, a Igreja deve ser anunciadora do amor de Deus, questionando toda injustiça e maldade. Como realizar esta missão?

5. Orações conclusivas *(p. 11)*

Outras orações a Santa Bárbara

Ó santa Bárbara, que sois mais forte que as torres das fortalezas e a violência dos furacões, fazei que os raios não me atinjam, os trovões não me assustem e o troar dos canhões não me abalem a coragem e a bravura. Ficai sempre ao meu lado para que eu possa enfrentar, de cabeça erguida e rosto sereno, todas as tempestades e batalhas de minha vida; para que, vencedor de todas as lutas, com a consciência do dever cumprido, eu possa agradecer a vós, minha protetora, e render graças a Deus, criador do céu, da terra e da natureza; este Deus que tem poder de dominar o furor das tempestades e abrandar a crueldade das guerras.

— *Santa Bárbara, rogai por nós!*

Gloriosa virgem e mártir Santa Bárbara, que pelo vosso ardente zelo da honra de Deus padecestes, em tenebroso cárcere, fome, sede e cruéis açoites; que antes de serdes degolada pelo vosso próprio pai, milagrosamente, pudestes ainda ser confortada pelo santo Viático no caminho para a eternidade; nós vos rogamos, ó santa virgem-mártir, nos alcanceis de Deus onipotente a mercê de nos indicar sempre o verdadeiro modo de praticar o bem, a fim de que, vivendo no seu santo temor e amor e sofrendo nesta vida com paciência as tribulações que nos acometerem, possamos um dia expirar santamente no ósculo de Deus, confortados pelo Pão da Vida, no caminho para a bem-aventurança eterna. Obtende--nos, ó Santa Bárbara, não ter morte repentina; e que nossa alma contrita entre cheia de alegria na mansão divina. Assim seja.

— *Santa Bárbara, rogai por nós!*